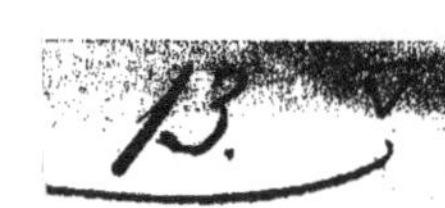

COLLECTION DE M. COSENTINI

OBJETS D'ART

SCULPTURES

VERRERIE DE VENISE, MAJOLIQUES, ETC.

ARRIVANT D'ITALIE

VENTE, HOTEL DROUOT

Le Lundi 5 Février 1866

EXPOSITION PUBLIQUE

LE DIMANCHE 4 FÉVRIER 1866, DE 1 A 5 HEURES

COMMISSAIRE-PRISEUR	EXPERT
Me BOUSSATON	**M. EVANS**
7, rue Le Peletier.	3, quai Voltaire.

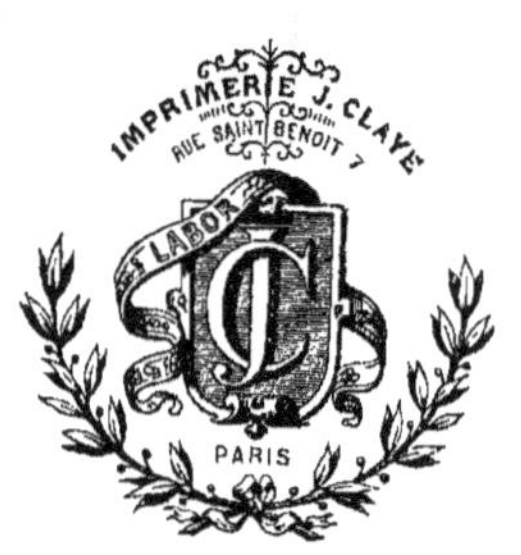
IMPRIMERIE J. CLAYE
RUE SAINT BENOIT 7
LABOR
PARIS

CATALOGUE
D'OBJETS D'ART

VERRERIE DE VENISE

MAJOLIQUES, ÉMAUX
BRONZES, IVOIRES SCULPTÉS, TERRES CUITES
MEUBLES, PORCELAINES, MARBRES

OBJETS DIVERS

Rapportés d'Italie par M. COSENTINI

DONT LA VENTE PUBLIQUE AURA LIEU

HOTEL DROUOT, SALLE N° 7

Le Lundi 5 Février 1866

A 1 HEURE 1/2 PRÉCISE

PAR LE MINISTÈRE DE **Me BOUSSATON**, COMMISSAIRE-PRISEUR

RUE LE PELETIER, 7

ASSISTÉ DE **M. EVANS**, EXPERT, 3, QUAI VOLTAIRE

EXPOSITION PUBLIQUE

LE DIMANCHE 4 FÉVRIER 1866, DE 1 A 5 HEURES

—

1866

CONDITIONS DE LA VENTE

Elle sera faite au comptant.

Les adjudicataires payeront, en sus des enchères, cinq pour cent applicables aux frais.

DÉSIGNATION

VERRES DE VENISE

1. — Deux buires à anse et à goulot avec dessins d'un blanc mat, sur fond transparent.

2. — Un vase blanc, cannelé, à deux anses.

3. — Un autre de même forme, avec ornements bleus en relief.

4. — Un vase en verre blanc, cannelé, de forme ovale, à deux anses, ayant un bouton en verre bleu placé dans l'intérieur et tenant au fond.

5. — Un autre vase en verre craquelé et à une anse.

6. — Un seau en verre bleu, cannelé, à anse mobile en verre blanc filigrané.

7. — Joli petit seau en verre blanc filigrané, orné de têtes de lion en relief et à anse mobile.

8. — Autre seau en verre blanc uni, orné de têtes de lion en relief et sans anse.

9. — Un autre petit seau en verre blanc, cannelé, à anse mobile et à rebords verts.

10. — Deux pots à eau, blanc uni, à large ouverture et à filets verts.

11. — Joli vase à couvercle en verre vert, orné de sujets
gravés.

12. — Vase en verre craquelé, à piédouche élevé, orné de
têtes de lion et de filets dorés.

13. — Grand et beau vase en verre blanc filigrané.

14. — Autre vase blanc filigrané et à deux anses.

15. — Vase cannelé à ornements, couleur rubis et à deux
anses.

16. — Vase très-curieux à trois goulots, dont le principal a
la forme d'une spatule.

17. — Très-beau vase blanc à piédouche gravé, et à deux
anses.

18. — Autre vase à peu près de la même forme que le précédent, avec dessins or.

19. — Deux vases faisant pendant, en verre blanc mat, orné
de dessins chinés.

20. — Un pot en verre blanc filigrané et à anse bleue.

21. — Jolie petite coupe en verre blanc, à deux anses.

22. — Autre petite coupe bleue, à deux anses, ornée d'animaux.

23. — Autre du même genre.

24. — Petite coupe de forme ovale, à filigrane en relief et
à deux anses.

25. — Une autre coupe de même forme, unie, avec plateau.

26. — Une autre, semblable à la précédente, mais plus
petite.

27. — Trois verres grenats, à piédouche blanc.

28. — Trois verres blancs, même forme que le précédent.

29. — Belle coupe plate, ornée de fleurs et d'oiseaux émaillés, à piédouche, avec têtes de lion dorées.

30. — Coupe blanche, à piédouche avec ornements formant des anses.

31. — Coupe creuse, unie, sur piédouche.

32. — Jolie coupe unie, à bords plats, sur pied élevé.

33. — Autre coupe blanche, unie, à bords plats, sur pied élevé.

34. — Coupe unie, à lobes, et à piédouches filigranés.

35. — Autre coupe, à lobes, avec quatre anses ornant le piédouche.

36. — Jolie coupe de forme élancée, avec piédouche élevé.

37. — Autre coupe de forme ondulée, à piédouche et ornements bleus.

38. — Coupe blanche unie, avec la base représentant les aspérités d'une pomme de pin.

39. — Autre coupe blanche de forme ondulée.

40. — Autre coupe filigranée et à piédouche.

41. — Très-jolie coupe à lobes, et à piédouche filigrané.

42. — Autre coupe de couleur jaune topaze, et à piédouche.

43. — Deux autres coupes blanches unies.

44. — Autre coupe blanche, unie, à piédouche, et filigranée.

45. — Deux autres, plates, à ornements bleus.

46. — Une autre, blanche et craquelée.

47. — Grande coupe en verre opale.

48. — Deux autres coupes en verre blanc, unies, dont une à filets verts.

49. — Six buires à anses et à goulots, avec ornements en relief.

50. — Deux verres forme calice, couleur rubis et grenat.

51. — Neuf autres verres de formes évasées. Seront divisés.

52. — Un gobelet et son couvercle en verre rouge jaspé.

53. — Trois flacons en verre, cannelés, à anse et en couleur.

54. — Deux verres de Bohême richement gravés.

55. — Trois plateaux en verre blanc, avec armoiries.

56. — Onze pièces verres et flacons. Seront divisés.

57. — Treize autres pièces de diverses formes et couleurs. Seront divisées.

58. — Une plaque en verre de Venise, représentant Loth et ses filles.

IVOIRES

59. — Deux portraits de femmes en bas-relief sur plaque ovale.

60. — Six bas-reliefs représentant divers sujets.

61. — Trois bas-reliefs en ivoire, représentant divers sujets.

61 *bis*. — Statuette représentant une sainte, travail espagnol.

PORCELAINES

62. — Deux groupes en porcelaine de Naples, représentant Hercule et l'éducation d'Achille.

63. — Un groupe en biscuit de Capo di Monte, Bacchus jeune et l'Amour.

64. — Vase en porcelaine bleue turquoise, époque Louis XVI, avec médaillon à personnages.

65. — Vase à couvercle en porcelaine de Frankanthal, décoré de personnages et de fleurs.

66. — Une écuelle et son couvercle, et un pot à crème en faïence ancienne de Perse.

67. — Deux statuettes en porcelaine de Saxe, faisant pendant. (Musiciens.)

68. — Quatre autres, même porcelaine, mais plus petites.

69. — Un groupe de deux enfants. (Musiciens.)

70. — Quatre bustes en porcelaine de Capo di Monte, sujets romains.

71. — Quatorze autres statuettes en même porcelaine.

72. — Une charmante statuette, même porcelaine.

73. — Deux groupes en porcelaine de Venise, danseurs masqués.

74. — Un groupe en porcelaine de Saxe de quatre personnages.

75. — Six statuettes en biscuit de Saxe.

76. — Un cabaret de Saxe, composé de huit pièces, décoré et avec armoiries.

77. — Une garniture de trois vases en ancienne faïence italienne, décorée dans le genre chinois.

78. — Une statuette en porcelaine de Naples, représentant Minerve.

79. — Un très-beau service en porcelaine de Saxe, composé de treize pièces richement décorées et renfermées dans un écrin.

80. — Un lot de trente-quatre fleurs en verre de Venise.

81. — Un très-beau et grand groupe en biscuit de Sèvres, composé de dix personnages.

MARBRES

82. — Deux bustes en marbre, empereurs romains.
83. — Un bas-relief en marbre antique composé de trois personnages.
84. — Deux petits bustes en marbre, dont un représentant Néron.

SCULPTURES

85. — Deux très-jolis médaillons en bois sculpté, d'un travail très-fin et très-compliqué, représentant, l'un une Chasse au cerf, et l'autre une Chasse au taureau. Ils sont placés dans des cadres aussi en bois sculpté représentant des fleurs. (Travail du XVIe siècle.)
86. — Autre médaillon et son cadre, le tout en bois sculpté d'une seule pièce, représentant la Fuite en Égypte.

OBJETS DIVERS

87. — Un lustre en verre de Venise de diverses couleurs, à quatre lumières.
88. — Une fresque antique de Pompéi, représentant un triton traîné par des animaux marins.

89. — Une Divinité chinoise en jade.

90. — Un magot en pierre de Lare.

91. — Deux petits bas-reliefs en plomb, représentant des
       sujets du Vatican.

92. — Deux médaillons en biscuit de Wegwood, enfants,
       musique et fleurs.

BRONZES, ÉMAUX, TERRES CUITES, ETC.

93. — Une ancienne clochette en bronze avec sujets en
       relief.

94. — Un ancien émail représentant le Christ devant
       Ponce-Pilate, dans son cadre en bois sculpté.

95. — Deux bas-reliefs en bronze, italiens : l'un repré-
       sente Hercule, l'autre un sujet religieux.

96. — Plusieurs petits portraits peints en miniature et à
       l'huile. Seront divisés.

97. — Quatre petits émaux de diverses époques et repré-
       sentant divers sujets.

98. — Divers sujets en terre cuite antique.

99. — Une statuette de femme grecque, en terre cuite,
       antique.

100. — Une autre statuette de femme, en terre cuite, attri-
       buée à Canova.

101. — Très-jolie feuille d'éventail italien, dessinée à la
        plume, représentant d'un côté l'Enlèvement des
        Sabines, et de l'autre, Diane et Actéon ; montée
        sur pied en bois doré.

MEUBLES

101 *bis*. — Deux cabinets italiens en ébène, avec incrusta-
tions en ivoire ; ils sont à deux vantaux et à
tiroirs.

MAJOLIQUES

102. — Grand et beau vase en faïence italienne d'Urbino,
pouvant faire jardinière, richement décoré de
sujets et d'arabesques.

103. — Vase orné de portraits de femme, de figures d'anges
et d'ornements.

104. — Autre vase décoré de fruits et d'arabesques.

105. — Joli petit vase en faïence de Castelli, orné de pein-
tures rehaussées d'or.

106. — Autre vase d'Urbino, à anse et à goulot, richement
décoré de personnages.

107. — Deux plaques en faïence d'Urbino, encadrées et
représentant des épisodes de la vie de l'Enfant
prodigue.

108. — Deux médaillons en faïence de Naples, *signé :* D. A.
Grue, encadrés, représentant de jolis paysages.

109. — Charmante petite assiette en même faïence, représentant Roland dans le bois enchanté, avec mono-
gramme, la date de 1718 et quatre vers du Tasse.

110. — Deux plaques en faïence italienne; l'une représentant Jésus guérissant les aveugles; l'autre, un sujet mythologique.

111. — Deux médaillons en faïence italienne, à sujets mythologiques; dans leurs cadres en bois doré.

112. — Un médaillon en faïence italienne, de forme ovale, sujet gracieux; cadre noir et doré.

113. — Plaque en faïence italienne, représentant les ruines d'un temple dans un paysage.

114. — Un médaillon en faïence italienne, paysage, signé D. A. GRUE; cadre noir et doré.

115. — Une coupe en faïence italienne, à piédouche, représentant un sujet grec.

116. — Une coupe en faïence d'Urbino, avec portrait d'empereur romain à l'intérieur.

117. — Très-jolie assiette en faïence Castelli, ornée de personnages et de fleurs.

118. — Deux autres assiettes, même provenance, représentant la Fuite en Égypte.

119. — Deux tasses et leurs soucoupes, même provenance, paysages et figures.

120. — Très-beau vase en faïence de Castelli, de forme ronde, représentant Vierge et Enfant, avec inscriptions.

121. — Une paire de vases en faïence de Naples, forme de Médicis.

122. — Une bouteille en faïence, du temps de Louis XIII, avec personnages et ornements en relief, sur fond aventuriné.

123. — Un vase en faïence brune émaillée, avec couvercle, anses et mascarons.

124. — Plaque en faïence italienne, représentant la Sainte Famille.

125. — Grande et belle gouache ancienne, représentant la fête des Fous sur la place du Parvis-Notre-Dame ; très-curieuse composition (XVIIe siècle).

126. — Sous ce numéro seront vendus les objets non catalogués.

PARIS. — J. CLAYE, IMPRIMEUR, 7, RUE SAINT-BENOIT, 7.